MINISTÈRE DE LA GUERRE

———

INSTRUCTION DU 20 MARS 1917

RELATIVE AU REMPLACEMENT PENDANT LA DURÉE DE LA GUERRE

DES

PRESTATIONS EN NATURE

DES TROUPES EN CAMPAGNE

PAR DES ALLOCATIONS EN DENIERS

ET A LA PARTICIPATION DES HOMMES AUX ÉCONOMIES

RÉALISÉES SUR L'ALIMENTATION

LIBRAIRIE MILITAIRE BERGER-LEVRAULT

Éditeurs de l'*Annuaire officiel de l'Armée française*

PARIS	NANCY
5-7, RUE DES BEAUX-ARTS	RUE DES GLACIS, 18

1917

Prix : 75 centimes.

MINISTÈRE DE LA GUERRE

INSTRUCTION DU 20 MARS 1917

RELATIVE AU REMPLACEMENT PENDANT LA DURÉE DE LA GUERRE

DES

PRESTATIONS EN NATURE

DES TROUPES EN CAMPAGNE

PAR DES ALLOCATIONS EN DENIERS

ET A LA PARTICIPATION DES HOMMES AUX ÉCONOMIES

RÉALISÉES SUR L'ALIMENTATION

LIBRAIRIE MILITAIRE BERGER-LEVRAULT

Éditeurs de l'Annuaire officiel de l'Armée française

PARIS | NANCY
5-7, RUE DES BEAUX-ARTS | RUE DES GLACIS, 18

1917

INSTRUCTION DU 20 MARS 1917

RELATIVE AU REMPLACEMENT PENDANT LA DURÉE DE LA GUERRE

DES

PRESTATIONS EN NATURE

DES TROUPES EN CAMPAGNE

I — But du système

Tout en restant avant tout préoccupés, comme par le passé, de donner au soldat ce qui lui est nécessaire pour supporter les fatigues de la guerre, les représentants de l'État, en présence des difficultés économiques qu'entraîne la prolongation des hostilités, ont le devoir strict de prendre des mesures pour supprimer les perceptions abusives et les gaspillages qui peuvent en résulter. Le but du nouveau système d'allocations aux troupes en campagne est d'arriver, *sans modifier en rien les droits du soldat*, à éviter toute perte de denrées. Il permettra, d'une part, aux commandants d'unités de subordonner strictement leurs perceptions aux besoins réels de leur troupe, sans être liés par le taux théorique des rations et, d'autre part, de faire *profiter effectivement le soldat des économies réalisées*.

II — Modification aux allocations

A partir du 1er avril prochain, les allocations réglementaires de vivres à titre gratuit aux troupes en campagne sont remplacées par des allocations en deniers dites « Primes d'alimentation » représentant la valeur de ces vivres majorée de la prime fixe actuelle.

III — Quotité des allocations

Le tableau ci-dessous indique la quotité des primes qui seront allouées :

NATURE DES PRIMES		OFFICIERS	HOMMES de troupe (A)	OBSERVATIONS
		fr. c.	fr. c.	
Prime d'alimentation	normale . . .		2 22	(A) Le taux de ces primes sera majoré de 1 centime pour les hommes de troupe du génie, des batteries à cheval, des batteries de montagne, de l'artillerie à pied et des cuirassiers, sauf lorsqu'ils sont en subsistance dans d'autres corps.
	forte.	2 30	2 45	
	de réserve . .		3 07	

Les primes ci-dessus *comprennent la valeur du tabac.* Elles sont revisées chaque fois que des modifications sont apportées au tarif de remboursement.

Lorsque, exceptionnellement, du pain de guerre ou des conserves de viande entrent dans la ration normale ou forte, les primes allouées aux hommes de troupe sont augmentées d'un supplément en deniers représentant, au prix du tarif de remboursement, la différence de valeur entre les denrées qui entrent normalement dans la ration et les denrées substituées.

La prime prévue pour les *officiers est unique et forfaitaire*, ils ont droit, suivant leur grade, à un nombre de primes correspondant au nombre de rations qui leur est alloué par les tarifs. Dans le cas où l'officier vivrait à l'ordinaire des hommes, il devrait y verser chaque jour une somme égale au montant de la prime allouée aux hommes de troupe. En aucun cas l'officier ne participe à la répartition des économies prévue plus loin.

IV — Droits aux allocations
Suppléments extraordinaires

Rien n'est changé aux prescriptions en vigueur en ce qui concerne l'attribution des diverses primes suivant la situation de la troupe. Les mêmes autorités que celles actuellement qualifiées fixent la prime attribuée ainsi que le passage d'une prime à une autre.

Il en est de même des suppléments extraordinaires qui continuent à être accordés dans les conditions actuellement réglementaires (1); ils sont toutefois alloués en deniers sous forme de primes supplémentaires calculées, dans chaque cas particulier, de telle façon qu'elles représentent, au taux du tarif de remboursement, la valeur des suppléments alloués. Dans ce calcul, le chiffre des millimes est négligé, mais, s'il est égal ou supérieur à 5. on force d'une unité le chiffre des centimes.

V — Perception et régularisation
des allocations

Les primes ci-dessus prévues sont perçues et

---

(1) Ces conditions sont rappelées à l'annexe n° 1.

régularisées avec la solde comme l'est actuellement la prime fixe qui ne sera, bien entendu, plus allouée, puisqu'elle est comprise dans la prime globale.

VI — Emploi des allocations

Les primes acquises à l'unité et versées à l'ordinaire servent au commandant d'unité à se procurer, auprès des organes administratifs, et à défaut dans le commerce local, les denrées nécessaires à l'alimentation des hommes, sous les réserves suivantes :

Il ne peut être perçu auprès des organes administratifs une quantité de denrées supérieure à la ration réglementaire (correspondant à la prime allouée) pour l'effectif de chaque formation.

En principe, il n'est pas fixé de minimum de perception ; toutefois, les généraux commandants d'armée, de corps d'armée et de division peuvent en imposer un aux commandants d'unité, lorsqu'ils estiment que les circonstances l'exigent.

Les vivres perçus auprès des organes administratifs sont tous délivrés à titre remboursable au prix du tarif de remboursement. Toutefois, le pain sera remboursé au tarif conventionnel de 45 centimes le kilo et la viande fraîche ou congelée (de bœuf, de porc ou de mouton) au tarif uniforme de 2ʰ 45 le kilo.

VII — Substitutions

Les substitutions ne sont limitées que par l'importance des ressources locales et par les disponibilités des organes pourvoyeurs ; il est bien entendu toutefois que l'usage des substitutions ne pourra avoir pour effet de modifier les tableaux de périodicité de consommation obligatoire établis pour certaines denrées.

VIII — COMPTABILITÉ

Il n'est rien modifié aux prescriptions actuelles en ce qui concerne la comptabilité des prestations qui continuent à être fournies gratuitement (fourrages, chauffage et éclairage), non plus qu'au mode de règlement adopté pour les denrées d'ordinaire provenant des centres d'Est-Villette et de Lyon.

La comptabilité des vivres réglementaires, qui tous deviennent remboursables, continue aussi à être soumise aux règles posées par les instructions en vigueur sous réserve de quelques modifications de détail. Ces règles avec les modifications qui y ont été apportées sont réunies à l'annexe n° 2.

IX — PARTICIPATION AUX ÉCONOMIES

Les économies réalisées dans la gestion de l'ordinaire continuent, comme par le passé, à grossir le boni et, par suite, à améliorer et à varier l'alimentation. Toutefois, pour intéresser le soldat à la gestion et pour en faire le plus sûr agent de la suppression des perceptions abusives, *lorsque le boni de l'unité dépassera 5 francs par homme de l'effectif de guerre,* la moitié de l'économie réalisée dans chaque prêt sera, dès l'arrêté des comptes de l'ordinaire, répartie à titre de supplément de solde entre les hommes présents le dernier jour du prêt. L'autre moitié sera réservée pour constituer un pécule qui, à la démobilisation, sera réparti entre les hommes de l'unité.

L'annexe n° 3 donne toutes indications utiles

pour procéder pratiquement à cette répartition dont le montant doit être porté à la connaissance de tous les hommes de l'unité, par la voie du rapport journalier.

X — Comptes rendus

La mise en application du nouveau système d'allocation donnera lieu à l'établissement de deux comptes rendus, l'un afférent au premier mois, l'autre au premier trimestre de fonctionnement du système. Ils présenteront les renseignements, *en une seule ligne par division ou E. N. E.* et dans la forme indiquée par le modèle ci-après :

Renseignements sur les économies faites dans l'alimentation.

Période du   au   1917.

DÉSIGNATION des formations	MOYENNES par homme des			QUANTITÉS MOYENNES réellement perçues par homme (En grammes et litres)							
	re-cettes	dé-penses	économies réellement distri-buées (1)	Pain	Viande	Légumes secs	Sel	Sucre	Café	Lard	Vin
4ᵉ D. I.											
ENE du 10ᵉ C. A. . .											
2ᵉ D. C.											
etc.											

(1) Y compris la partie de ces économies réservée provisoirement pour constituer le pécule.

Ces comptes rendus devront parvenir à l'Administration centrale, sous le timbre de la présente instruction, quinze jours au plus tard après la fin de la période qu'ils concernent.

Le Sous-Secrétaire d'État
de l'Administration générale,

René BESNARD.

ANNEXE N° 1

Suppléments extraordinaires.

1° *Suppléments à la prime normale.*

Ont qualité pour fixer le passage d'une prime à une autre et pour accorder des suppléments à la prime normale :

Les généraux commandants d'armée, ainsi que (mais à charge d'en rendre compte) les commandants de corps d'armée, les commandants de divisions de cavalerie, les généraux commandant des détachements lorsqu'ils opèrent isolément.

Les suppléments à la prime normale ne peuvent consister qu'en :

Viande fraîche (1)	25 ou 50 grammes.	
Sucre	8 ou 16	—
Café (1)	6 ou 12	—
Tabac	5	—
Légumes secs, riz (1) . . .	20 ou 40	—

Il peut être fait usage indifféremment, pour chaque denrée, de l'un des deux taux indiqués. Ces suppléments ne s'appliquent pas obligatoirement à la totalité des denrées désignées, mais peuvent

---

(1) Ou denrées de substitution au taux résultant du tarif des équivalences figurant au *B. O.*, P. P., 1916, page 236, sans *que la valeur totale des suppléments alloués puisse jamais dépasser la différence entre la prime forte et la prime normale.*

être alloués pour une seule ou plusieurs denrées s'il y a lieu.

Les généraux commandants d'armée peuvent aussi allouer aux *troupes dans les tranchées* la ration de réserve de sucre ou une ration intermédiaire entre la ration forte et la ration de réserve, chaque fois qu'ils l'estiment nécessaire, même lorsque les troupes perçoivent la prime forte.

2° *Suppléments à la prime forte.*

Les mêmes autorités ont qualité pour proposer au général en chef des suppléments à la prime forte. Le général en chef décide et rend compte au ministre.

Ces suppléments ne sont pas déterminés; toutefois, ils ne peuvent avoir pour effet de porter la ration de viande à plus de 500 grammes.

3° *Forme et durée des allocations.*

Les ordres qui accordent des suppléments extraordinaires doivent indiquer : les denrées allouées, leur valeur en deniers, les corps, fractions de corps, détachements et services auxquels ils s'appliquent. Ces ordres, ainsi que ceux concernant le changement de primes, peuvent être insérés dans l'ordre d'opérations (2e partie) ou être communiqués sous forme d'ordres particuliers ou d'instructions spéciales; ils indiquent la durée des fixations.

Ces divers ordres sont toujours notifiés par le commandement aux fonctionnaires de l'intendance qui en tiennent enregistrement avec mention des corps ou fractions de corps auxquels les allocations s'appliquent. En outre, le dernier jour du mios, chaque corps établit un état indiquant l'effectif

qui a eu droit aux diverses primes et aux suppléments et le nombre de journées en résultant. Cet
état, vérifié par le sous-intendant, est soumis à
l'approbation de l'officier général qui a accordé
les allocations et sert à justifier les droits du corps.

En tout état de cause, les autorisations données
pour les allocations de la prime forte et des suppléments extraordinaires de toute nature ne devront
pas chevaucher d'un trimestre sur l'autre sans être
expressément renouvelées.

ANNEXE N° 2

Comptabilité des distributions remboursables.

I — PRINCIPE

Les vivres remboursables deviennent la propriété des corps à partir du moment où ils ont été remis aux officiers d'approvisionnement. Il en résulte que les corps doivent verser à l'État la valeur intégrale des vivres qui entrent au T. R. et se faire ensuite rembourser des sommes ainsi avancées au fur et à mesure des distributions aux unités et parties prenantes diverses. De même, au début de l'application du système, les corps devront verser au Trésor la valeur des vivres réglementaires restant au T. R., ainsi que des vivres de réserve entre les mains des hommes. Il importe que les autorités chargées de la vérification des comptes des corps surveillent tout particulièrement cette partie du service pour éviter toute omission qui léserait gravement les intérêts de l'État.

II — PERCEPTION AUX ORGANES ADMINISTRATIFS

a) *Unités dont la solde est ordonnancée par le sous-intendant de la formation ou par celui d'une formation appartenant à la même armée.*

Les vivres remboursables sont perçus sur bon de réapprovisionnement spécial du modèle en usage. Ce bon, qui n'est que provisoire, n'est.

pas décompté; il reçoit à l'encre rouge la mention « Vivres remboursables compris sur le bon récapitulatif nº ..., du... 191... » Cette mention est complétée par le gestionnaire au moment de la vérification du bon récapitulatif dont il est question ci-après.

Le 5 et le 20 de chaque mois, au plus tard, l'officier d'approvisionnement de chaque corps récapitule tous les bons provisoires de la quinzaine précédente dans deux bons de réapprovisionnement (1) portant à l'encre rouge la mention « Vivres remboursables » et, après le titre « Bon de réapprovisionnement », le mot « Récapitulatif ». Ces bons sont remis au gestionnaire distributeur; ils sont décomptés et établis en double expédition sur les imprimés usuels de bon de réapprovisionnement dont les colonnes sont modifiées en conséquence; les primata sont extraits de deux carnets à souche spéciaux (1) et portent des numéros d'ordre particuliers. Les duplicata établis sur feuilles volantes sont certifiés conformes par l'officier gestionnaire et adressés ensuite par lui à l'officier payeur du corps.

Dans le cas où, pour une raison quelconque, le bon récapitulatif ne peut être établi par l'officier d'approvisionnement d'un corps, ce bon est établi par le gestionnaire et signé d'office par le sous-intendant sur le vu des bons provisoires. Il en est de même en cas de départ d'une unité avant la fin de la quinzaine; toutefois, dans ce cas particulier, dans un but de simplification, et si les ressources de l'unité et les circonstances le permettent, il sera de préférence fait usage du procédé de paiement immédiat prévu ci-après.

---

(1) Un pour la viande et un pour les autres vivres.

b) *Isolés et unités*
qui ne rentrent pas dans la catégorie a).

Les distributions remboursables faites par les gestionnaires aux parties prenantes de cette catégorie s'effectuent suivant le mécanisme prévu à l'article 34 de l'Instruction du 22 août 1899 (*B. O.*, É. M., vol. 94), c'est-à-dire sur production d'un bon décompté et contre le paiement immédiat de la valeur des denrées entre les mains de l'officier distributeur qui remet à la partie prenante un reçu extrait d'un carnet à souche (mod. n°   ).

III — Perceptions faites en dehors des organes administratifs

Les officiers d'approvisionnement peuvent être amenés à se procurer des denrées réglementaires ailleurs qu'aux organes administratifs, soit par achat direct dans le commerce local, soit par voie de réquisition.

Pour éviter tout double emploi et aussi pour empêcher que les intérêts de l'État ou ceux du soldat ne soient lésés par suite de différence entre les prix d'achat et ceux du tarif de remboursement qui sert de base au calcul des primes d'alimentation, ces cas particuliers sont ramenés au cas général visé au paragraphe II par un simple jeu d'écritures comme il est indiqué ci-après.

1° *Achats.*

Les denrées réglementaires achetées sont prises en charge, au plus tard à la fin de chaque quinzaine, sur le relevé récapitulatif modèle n° 8, par l'officier gestionnaire des subsistances de la formation et remboursées au corps dans l'une des deux formes prévues à l'article 53 de l'Instruction du 23 janvier 1910 (*B. O.*, É. M., vol. 95). Elles font ensuite l'objet d'un bon de réapprovisionnement comme si elles avaient été reçues directement de l'officier gestionnaire et portées sur le bon récapitulatif suivant, où elles sont décomptées aux prix du tarif de remboursement.

2º *Réquisitions.*

Les denrées réquisitionnées sont prises en charge de la même façon, mais seulement à la fin de chaque quinzaine, sur relevés modèle n° 8 spéciaux non décomptés, récapitulant les souches des reçus de prestations. Elles font l'objet d'un bon de réapprovisionnement récapitulatif spécial, décompté aux prix du tarif de remboursement, qui est compris dans le bordereau récapitulatif de quinzaine des distributions remboursables dont il est question au paragraphe IV.

3º *Repas chez l'habitant.*

Les bons de demi-journées de nourriture sont traités comme achats ou comme réquisitions suivant que leur montant a été payé immédiatement ou non aux habitants. Ils sont décomptés au tarif uniforme de 1 franc sur le bon récapitulatif.

IV. — RÉGULARISATION DES PERCEPTIONS

1º *Par le gestionnaire.*

Le 10 et le 25 de chaque mois au plus tard, l'officier gestionnaire remet à son sous-intendant un bordereau [mod. 77 du vol. 91 *bis*, n° 294 de la

nomenclature (1)] des distributions remboursables
faites par lui pendant la quinzaine précédente. Ce
bordereau établi en double expédition est divisé
en deux parties : à la première partie sont enre-
gistrés les bons récapitulatifs décomptés remis par
les officiers d'approvisionnement; à la deuxième
partie sont inscrits et totalisés les bons journaliers
décomptés fournis par les isolés et les formations
de la catégorie *b* du paragraphe II. Tous les bons
sont joints au bordereau.

2° *Par le sous-intendant.*

Sur le vu de ce bordereau et des bons annexés,
le sous-intendant procède ensuite aux opérations
de régularisation :

1° Il établit un ordre de reversement au Trésor
au nom de chaque corps dont il ordonnance la solde
et qui figure à la première partie du bordereau. Cet
ordre de reversement est épinglé au plus prochain
état de solde, sur lequel il est mentionné ainsi que
son montant. Mention du versement au Trésor,
signée par le sous-intendant, est également portée
sur le bordereau 294 en regard du bon récapitulatif
correspondant, en indiquant le numéro et la date
du récépissé.

Aussitôt après exécution de l'ordre de reversement, le corps adresse au sous-intendant qui l'a
établi le récépissé et une expédition de la déclaration de versement. Ce fonctionnaire les transmet
sans retard au bureau de comptabilité de l'armée
avec les bons remboursés et le bordereau 294 sur

---

(1) Les mots de « reversement au Trésor » sont substitués,
dans l'en-tête de la colonne 20, à ceux d' « imputation dans les
revues de liquidation ». En outre, les colonnes 24 et 25 seront
fondues en une seule intitulée « Mention du reversement ».

lequel ils figurent. Le chef du bureau de comptabilité transmet les récépissés à l'Administration centrale dans un délai de quinze jours de leur réception ; il y joint, comme bordereau récapitulatif de ces récépissés, une copie du bordereau 294.

Le corps conserve la deuxième expédition de la déclaration de versement à l'appui de sa comptabilité et la deuxième expédition du bordereau 294, dûment complétée, est renvoyée au gestionnaire distributeur.

2° Pour les corps figurant à la première partie du bordereau mais dont il n'ordonnance pas la solde, le sous-intendant établit un extrait du bordereau 294 qu'il envoie, avec les bons, à son collègue chargé de l'ordonnancement de la solde des corps intéressés. Ce fonctionnaire provoque de ceux-ci le reversement au Trésor comme il a été indiqué ci-dessus et retourne, dans le plus bref délai possible, au sous-intendant expéditeur l'extrait du bordereau revêtu de la mention de délivrance des ordres de reversement ainsi que les bons, les récépissés et les déclarations de versement. Les mentions figurant à l'extrait sont reportées au bordereau initial et les pièces annexées reçoivent les destinations prévues au paragraphe précédent.

3° Enfin, le sous-intendant délivre au gestionnaire un ordre de reversement au Trésor du montant total des sommes figurant à la deuxième partie du bordereau. L'exécution de cet ordre donne lieu à l'établissement des mêmes pièces que les reversements faits par les corps et ces pièces reçoivent les mêmes destinations. Toutefois, la deuxième expédition de déclaration de versement est conservée par le gestionnaire pour justifier à la fois, dans ses écritures en deniers, la recette et la dépense.

Si les paiements faits directement entre les mains du gestionnaire sont très importants, il convient de procéder à des versements au Trésor à des intervalles plus rapprochés que la quinzaine. Ces versements s'effectuent du reste d'après le mécanisme simplifié prévu à la circulaire du 4 septembre 1916 (*B. O.*, p. p., p. 883).

V — Comptabilité et régularisation des distributions

Les distributions à l'intérieur des corps continuent à s'effectuer sur bons journaliers des commandants d'unité. Dans un but de simplification, ces bons ne sont pas décomptés; ils portent à l'encre rouge la mention « Vivres remboursables compris dans le bon récapitulatif n° ..., du... 191... » et sont à la fin de chaque prêt récapitulés en un bon unique, *décompté celui-là*, et portant à l'encre rouge la mention « Bon récapitulatif de distributions remboursables ».

Les bons récapitulatifs signés du commandant d'unité et visés par l'officier d'approvisionnement sont remis par ce dernier à l'officier payeur qui le précompte sur la feuille de prêt et émarge la dépense correspondante au carnet d'ordinaire de campagne des unités intéressées.

De même, il est établi pour les officiers ne vivant pas à l'ordinaire des états récapitulatifs nominatifs distincts qui permettent à l'officier de détails d'en déduire le montant sur la feuille d'émargement.

En aucun cas les retenues à faire aux officiers et aux unités ne doivent être différées; les erreurs, s'il en est relevé, sont régularisées dans un prêt suivant.

Pour permettre de suivre la gestion de l'officier d'approvisionnement, l'officier payeur tient un compte spécial où figurent d'une part, en dépense, le montant des ordres de reversement délivrés au corps et, d'autre part, en recette, le montant des sommes précomptées aux unités ou versées directement entre les mains de l'officier payeur. La balance du compte doit à tout instant représenter la valeur des existants du T. R.

VI — CAS PARTICULIER DE DISTRIBUTIONS FAITES PAR DES OFFICIERS D'APPROVISIONNEMENT A DES PARTIES PRENANTES ÉTRANGÈRES AUX CORPS, A DES OFFICIERS ET A DES ISOLÉS

En principe, ces distributions donnent lieu à versement direct entre les mains de l'officier payeur.

Dans le cas où, *exceptionnellement*, ce versement ne peut être effectué, le bon récapitulatif concernant les distributions de cette catégorie (établi au besoin d'office par l'officier d'approvisionnement sur le vu des bons journaliers des parties prenantes) est adressé au gestionnaire, décompté au prix du tarif de remboursement, sous bordereau récapitulatif, modèle n° 8. Après prise en charge du gestionnaire, le corps est remboursé de la valeur des denrées comme s'il les avait achetées dans le commerce et le gestionnaire en poursuit le remboursement par les parties prenantes en comprenant le bon récapitulatif dans son plus prochain bordereau 294.

ANNEXE N° 3

Mode de répartition des économies.

A la fin de chaque prêt, on compare les dépenses de la quinzaine avec le montant cumulé : 1° des recettes de la même période; 2° de la part d'économies non réparties de la quinzaine précédente (Voir ci-après).

Si la comparaison fait ressortir un excédent de dépenses, cet excédent est prélevé sur la réserve de boni reportée de la quinzaine précédente.

Si, au contraire, la comparaison fait ressortir un excédent de recettes, c'est-à-dire des économies, il est procédé de la façon suivante à leur répartition :

Première hypothèse. — La réserve de boni reportée de la quinzaine précédente est supérieure au minimum de 5 francs par homme de l'effectif réglementaire.

Dans ce cas, le montant des économies est divisé par le nombre des hommes présents à l'unité le dernier jour du prêt; on obtient ainsi la quote-part individuelle de chaque homme dans les économies réalisées. Cette quote-part est partagée en deux moitiés [arrondies chacune au franc inférieur (1)]. La première est remise en espèces à l'homme en même temps que son prêt. La seconde est versée

---

(1) Sans que chacune de ces moitiés puisse jamais dépasser 4 francs.

par le commandant de l'unité à l'officier payeur qui la conserve provisoirement jusqu'à nouvelles instructions à parvenir.

Le reliquat des économies non réparties (1) est reporté à la quinzaine suivante pour être cumulé avec les recettes propres de ladite quinzaine, ainsi qu'il a été dit à l'alinéa 1 de la présente annexe.

Deuxième hypothèse. — La réserve de boni reportée de la quinzaine précédente est inférieure au minimum de 5 francs par homme de l'effectif réglementaire.

Dans ce cas, sur les économies de la quinzaine considérée, il est d'abord prélevé une somme suffisante pour compléter la réserve de boni au chiffre du minimum réglementaire; il est ensuite fait emploi du reliquat d'économies restant après le prélèvement, ainsi qu'il est prévu dans la première hypothèse.

Ces différents modes de procéder sont précisés par les exemples chiffrés du tableau ci-après; les bases des calculs présentés dans la forme adoptée dans lesdits exemples doivent figurer sur les carnets d'ordinaire qui seront aménagés en conséquence. A cet effet, les mentions prévues aux exemples chiffrés seront inscrites à la main sur un papillon collé sur la page de gauche du carnet d'ordinaire au-dessous des mots « Total des recettes du... au... ».

----

(1) Ou la totalité de ces économies, lorsque, la moitié de la quote-part individuelle étant inférieure à 1 franc, il n'a pu être procédé à aucune répartition.

Tableau présentant cinq exemples chiffrés de répartition d'économies.

LIBELLÉ DES MENTIONS à porter SUR LE CARNET D'ORDINAIRE	1er EXEMPLE			2e EXEMPLE			3e EXEMPLE			4e EXEMPLE			5e EXEMPLE		
	RÉSERVE DE BONI à recompléter — Économies à répartir : Néant — Quinzaine du 1er au 15 avril			RÉSERVE DE BONI à recompléter — Répartition des économies — Quinzaine du 16 au 30 avril			RÉSERVE DE BONI complète — Économies suffisantes pour procéder à une répartition — Quinzaine du 1er au 15 mai			RÉSERVE DE BONI complète — Économies suffisantes pour une répartition — Quinzaine du 16 au 31 mai			EXCÉDENT DE DÉPENSES à imputer sur la réserve de boni — Quinzaine du 1er au 15 juin		
Réserve du boni au *15 avril*			742 80	30 avril		936 05	15 mai		970 00	31 mai		970 00	15 juin		970 00
A ajouter les économies antérieures non réparties	»			»			264 45			169 12			192 52		
Recettes de la quinzaine	6.432 75	6.432 75		6.027 30	6.027 30		5.909 37	6.173 82		6.677 76	6.845 88		5.800 00	5.992 52	
Dépenses de la quinzaine		6.239 50			5.368 90			6.004 70			5.538 36			6.121 30	
ÉCONOMIES réalisées		193 25			658 40			169 12			1.308 52			»	
A réserver pour compléter la réserve de boni à raison de 5 francs par homme de l'effectif réglementaire (194 × 5 = 970 fr.)		193 25	193 25	(970 — 936 05)	33 95	33 95		»			»		Excédent de dépenses	128 78	—128 78
DIFFÉRENCE à répartir		»			624 45			169 12			1.308 52			»	
Hommes présents le *15 avril* 179 hommes				30 avril 180 h. 624 45			15 mai 190 h. 169 62			31 mai 186 h. 1.308 52			15 juin 189 h.		
Quote-part d'économie par homme	»			180 h. = 3 46			190 h. = '0 89			186 h. = 7 03			»		
dont la moitié arrondie au franc inférieur est de	»			1 00			»			3 00			»		
1re moitié versée aux hommes à titre de supplément de solde		»		180 h.×1 = 180			Néant			186 h.×3 = 558			Néant		
2e moitié *versée entre les mains de l'Officier payeur jusqu'à nouvelles instructions à parvenir*		»		180 h.×1 = 180	360 00		Néant	»		186 h.×3 = 558	1.116 00		Néant		
Économies non distribuées à reporter		»			264 45			169 12			192 52			»	
Réserve de boni à reporter			936 05			970 00			970 00			970 00			841 22

Le Commandant de l'Unité administrative.

TABLE DES MATIÈRES

NANCY, IMPRIMERIE BERGER-LEVRAULT — AVRIL 1917

NANCY, IMPRIMERIE BERGER-LEVRAULT — AVRIL 1917